AF199045

Impressum
Verlag: BABADADA GmbH, Nedderfeld 112 , 22529 Hamburg
Geschäftsführer / Verlagsleitung: Harald Hof
Druck: Books on Demand GmbH, In de Tarpen 42, 22848 Norderstedt

Imprint
Publisher: BABADADA GmbH, Nedderfeld 112 , 22529 Hamburg, Germany
Managing Director / Publishing direction: Harald Hof
Print: Books on Demand GmbH, In de Tarpen 42, 22848 Norderstedt

classroom
כיתה

divide
חילק

186/2

board
לוח

school yard
חצר בית ספר

teacher
מורה

paper
נייר

write
כתב

pen
עט

desk
שולחן עבודה

pupil
תלמיד

ruler
סרגל

book
ספר

satchel

ילקוט

pencil case

קלמר

pencil

עיפרון

pencil sharpener

מחדד

rubber

גומי מחיקה

drawing pad

חוברת סרטוט

drawing

סרטוט

paintbrush

מברשת

paint box

קופסת צבעים

scissors

מספריים

glue

דבק

exercise book

ספר תרגול

homework

שיעור בית

number

מספר

add

חיבר

subtract

חיסר

multiply

הכפיל

calculate

חישב

letter

אות

alphabet

אלפבית

word

מילה

text

טקסט

read

קרא

chalk

גיר

lesson

שיעור

register

יומן נוכחות

exam

מבחן

certificate

תעודה

school uniform

תלבושת בית ספר

education

חינוך

encyclopedia

אנציקלופדיה

university

אוניברסיטה

microscope

מיקרוסקופ

map

מפה

waste-paper basket

סל נייר

hotel
מלון

hostel
הוסטל

bureau de change
המרת מטבע

car
אוטו

language

שפה

yes / no

כן / לא

Okay

בסדר

hello

שלום

translator

מתרגם

Thank you

תודה

how much is...?

כמה עולה.....?

I do not understand

אני לא מבין

problem

בעיה

Good evening!

ערב טוב!

Good morning!

בוקר טוב!

Good night!

לילה טוב!

bye bye

להתראות

direction

כיוון

luggage

כבודה

bag

תיק

backpack

תרמיל גב

guest

אורח

room

חדר

sleeping bag

שק שינה

tent

אוהל

tourist information

מרכז מידע לתיירים

beach

חוף ים

credit card

כרטיס אשראי

breakfast

ארוחת בוקר

lunch

ארוחת צהריים

dinner

ארוחת ערב

ticket

כרטיס

lift

מעלית

stamp

בול

border

גבול

customs

מכס

embassy

שגרירות

visa

אשרה

passport

דרכון

aeroplane
מטוס

ship
אונייה

fire engine
כבאית

bus
אוטובוס

truck
משאית

motorboat
סירת מנוע

bike
אופניים

car
אוטו

ferry

מעבורת

boat

סירה

motorbike

אופנוע

police car

ניידת משטרה

racing car

מכונית מרוץ

rental car

רכב שכור

car sharing

מכוניות בשיתוף

breakdown truck

אוטו גרר

refuse truck

משאית זבל

motor

מנוע

fuel

דלק

petrol station

תחנת דלק

traffic sign

תמרור

traffic

תנועה

traffic jam

פקק תנועה

car park

חניה

train station

תחנת רכבת

tracks

פסי רכבת

train

רכבת

tram

רכבת קלה

carriage

קרון

helicopter

מסוק

airport

שדה-תעופה

tower

מגדל

passenger

נוסע

container

קונטיינר

carton

קרטון

cart

עגלה

basket

סל

take off / land

המראה / נחיתה

city

עיר

village

כפר

city centre

מרכז העיר

house

בית

The upper illustration shows a city scene with the following labels:

- cinema — קולנוע
- advert — פרסומת
- street lamp — מנורת רחוב
- street — רחוב
- taxi — מונית
- snack shop — קיוסק
- pedestrian — הולך רגל
- pavement — רציף
- zebra crossing — מעבר חצייה
- bin — פח אשפה
- crossing — צומת
- traffic lights — רמזור

CINEMA

hut

בקתה

flat

דירה

train station

תחנת רכבת

town hall

עירייה

museum

מוזיאון

school

בית ספר

university

אוניברסיטה

bank

בנק

hospital

בית חולים

hotel

מלון

pharmacy

בית מרקחת

office

משרד

book shop

חנות ספרים

shop

חנות

florist's

חנות פרחים

supermarket

סופרמרקט

market

שוק

department store

כל-בו

fishmonger's

מוכר דגים

shopping centre

קניון

harbour

נמל

park

פארק

bench

ספסל

bridge

גשר

stairs

מדרגות

underground

רכבת תחתית

tunnel

מנהרה

bus stop

תחנת אוטובוס

bar

בר

restaurant

מסעדה

postbox

תא דואר

street sign

שלט רחוב

parking meter

מדחן

zoo

גן חיות

swimming pool

בריכת שחיה

mosque

מסגד

farm

חווה

pollution

זיהום

graveyard

בית עלמין

church

כנסייה

playground

מגרש משחקים

temple

בית מקדש

landscape

נוף

signpost
תמרור

way
דרך

meadow
מרעה

stone
אבן

hiker
מטייל

tree
עץ

river
נהר

grass
דשא

flower
פרח

valley

בקעה

hill

הר

lake

אגם

forest

יער

desert

מדבר

volcano

הר געש

castle

טירה

rainbow

קשת בענן

mushroom

פטריה

palm tree

דקל

mosquito

יתוש

fly

זבוב

ant

נמלה

bee

דבורה

spider

עכביש

beetle

חיפושית

frog

צפרדע

squirrel

סנאי

hedgehog

קיפוד

hare

ארנב

owl

ינשוף

bird

ציפור

swan

ברבור

boar

חזיר בר

deer

צבי

moose

אייל הקורא

dam

סכר

wind turbine

טורבינת רוח

solar panel

פנל סולארי

climate

אקלים

waiter
מלצר

menu
תפריט

chair
כסא

soup
מרק

pizza
פיצה

cutlery
סכו"ם

tablecloth
מפת שולחן

starter

מנת פתיחה

main course

מנה עיקרית

dessert

קינוח

drinks

שתיות

food

אוכל

bottle

בקבוק

fast food

מזון מהיר

street food

אוכל רחוב

teapot

קנקן תה

sugar bowl

מסכרת

portion

מנה

espresso machine

מכונת אספרסו

high chair

כסא תינוק

bill

חשבון

tray

מגש

knife

סכין

fork

מזלג

spoon

כף

teaspoon

כפית

serviette

מפית

glass

כוס

plate

צלחת

soup plate

קערת מרק

saucer

תחתית

sauce

רוטב

salt pot

מלחייה

pepper mill

מטחנת פלפל

vinegar

חומץ

oil

שמן

spices

תבלינים

ketchup

קטשופ

mustard

חרדל

mayonnaise

מיונז

supermarket
סופרמרקט

special offer
מבצע

customer
לקוח

dairy
מוצרי חלב

FOR

fruit
פירות

trolley
עגלת קניות

butcher's

אטליז

baker's

מאפייה

weigh

שקל

vegetables

ירקות

meat

בשר

frozen food

מזון קפוא

cold meat

בשר קר

tinned food

שימורים

washing powder

אבקת כביסה

sweets

ממתקים

household products

מוצרי בית

cleaning products

חומר ניקוי

salesperson

מוכרת

till

קופה

cashier

קופאי

shopping list

רשימת קניות

opening hours

שעות פתיחה

wallet

ארנק

credit card

כרטיס אשראי

bag

תיק

plastic bag

שקית ניילון

water

מים

juice

מיץ

milk

חלב

coke

קולה

wine

יין

beer

בירה

alcohol

אלכוהול

cocoa

קקאו

tea

תה

coffee

קפה

espresso

אספרסו

cappuccino

קפוצ'ינו

banana

בננה

apple

תפוח

orange

תפוז

melon

אבטיח

lemon

לימון

carrot

גזר

garlic

שום

bamboo

במבוק

onion

בצל

mushroom

פטריות

nuts

אגוזים

noodles

אטריות

spaghetti

ספגטי

rice

אורז

salad

סלט

chips

צ'יפס

fried potatoes

צ'יפס

pizza

פיצה

hamburger

המבורגר

sandwich

כריך

cutlet

שניצל

ham

שינקין

salami

סלאמי

sausage

נקניקיה

chicken

עוף

roast

טיגון

fish

דג

porridge oats

שיבולת שועל

muesli

מוזלי

cornflakes

קורנפלקס

flour

קמח

croissant

קרואסון

bread roll

לחמנייה

bread

לחם

toast

טוסט

biscuits

עוגיות

butter

חמאה

curd

גבינה לבנה

cake

עוגה

egg

ביצה

fried egg

ביצת עין

cheese

גבינה

ice cream

גלידה

sugar

סוכר

honey

דבש

jam

ריבה

chocolate spread

ממרח נוגט

curry

קארי

goat

עז

cow

פרה

calf

עגל

pig

חזיר

piglet

חזרזיר

bull

שור

goose

אווז

duck

ברווז

chick

אפרוח

hen

תרנגולת

cock

תרנגול

rat

חולדה

cat

חתול

mouse

עכבר

ox

שור

dog

כלב

doghouse

מלונה

garden hose

צינור השקיה

watering can

קנקן מים

scythe

חרמש

plough

מחרשה

sickle

מגל

hoe

מגרפה

pitchfork

קלשון

axe

גרזן

wheelbarrow

מריצה

trough

שוקת

milk can

כד חלב

sack

שק

fence

גדר

stable

אורווה

greenhouse

חממה

soil

אדמה

seed

זרע

fertilizer

דשן

combine harvester

מקצרה

harvest

קצר

harvest

קציר

yams

בטטה אפריקנית

wheat

חיטה

soy

סויה

potato

תפוח אדמה

corn

תירס

rapeseed

קנולה

fruit tree

עץ פירות

cassava

קסבה

cereals

דגנים

living room

סלון

bathroom

חדר אמבטיה

kitchen

מטבח

bedroom

חדר שינה

child's room

חדר ילדים

dining room

חדר אוכל

floor

רצפה

wall

קיר

ceiling

תקרה

cellar

מרתף

sauna

סאונה

balcony

מרפסת

terrace

מרפסת

pool

בריכה

lawn mower

מכסחת דשא

sheet

סדין

bedspread

כיסוי מיטה

bed

מיטה

broom

מטאטא

bucket

דלי

switch

מפסק

carpet

שטיח

curtain

וילון

table

שולחן

chair

כסא

rocking chair

כיסא נדנדה

armchair

כורסה

book

ספר

blanket

שמיכה

decoration

דקורציה

firewood

עצי הסקה

film

סרט

hi-fi equipment

מערכת סטריאו

key

מפתח

newspaper

עיתון

painting

ציור

poster

פוסטר

radio

רדיו

notepad

מחברת

hoover

שואב אבק

cactus

קקטוס

candle

נר

microwave oven
מיקרוגל

fridge
מקרר

kitchen scales
מאזני מטבח

toaster
טוסטר

detergent
חומר ניקוי

oven
תנור

freezer
מקפיא

dishwasher
מדיח כלים

cooker
תנור

pot
סיר

cast-iron pot
סיר ברזל

wok / kadai
ווק

pan
מחבת

kettle
קומקום חשמלי

steamer

מאדה

baking tray

מגש אפייה

crockery

כלי אוכל

mug

ספל

bowl

קערה

chopsticks

צ'ופסטיקס

ladle

מצקת

spatula

מרית

whisk

מטרפה

strainer

מסננת בישול

sieve

מסננת

grater

מגרדת

mortar

מכתש

barbecue

גריל

open fire

מדורה

chopping board

קרש חיתוך

rolling pin

מערוך

corkscrew

פותחן פקקים

can

פחית

can opener

פותחן קופסאות

pot holder

מטלית

sink

כיור

brush

מברשת

sponge

ספוג

blender

בלנדר

deep freezer

מקפיא

baby bottle

בקבוק לתינוק

tap

ברז

heating חימום

shower מקלחת

towel מגבת

shower curtain וילון מקלחת

bubble bath אמבטיית קצף

bathtub אמבטיה

glass כוס

washing machine מכונת כביסה

tiles אריחים

tap ברז

potty סיר לילה

sink כיור

toilet	squat toilet	bidet
אסלה	אסלת כריעה	בידה
urinal	toilet paper	toilet brush
משתנה	נייר טואלט	מברשת אסלה

toothbrush

מברשת שיניים

toothpaste

משחת שיניים

dental floss

חוט דנטלי

wash

שטף

handheld shower

מקלחת יד

douche

צינור שטיפה לשירותים

basin

קערת רחצה

back brush

מברשת גב

soap

סבון

shower gel

ג'ל רחצה

shampoo

שמפו

flannel

ליפה

drain

ניקוז

cream

קרם

deodorant

דיאודורנט

mirror

מראה

hand mirror

מראת יד

razor

סכין גילוח

shaving foam

קצף גילוח

aftershave

אפטרשייב

comb

מסרק

brush

מברשת

hair dryer

מייבש שיער

hairspray

ספריי לשיער

makeup

איפור

lipstick

שפתון

nail varnish

לק

cotton wool

צמר גפן

nail scissors

מספריים לציפורניים

perfume

בושם

washbag

תיק כלי רחצה

stool

שרפרף

weighing scale

משקל

bathrobe

חלוק רחצה

rubber gloves

כפפות גומי

tampon

טמפון

sanitary towel

תחבושת סניטרית

chemical toilet

שירותים כימיקליים

alarm clock
שעון מעורר

cuddly toy
צעצוע חיבוק

toy car
מכונית צעצוע

rattle
רעשן

doll's house
בית בובות

present
מתנה

balloon

בלון

bed

מיטה

pram

עגלה

deck of cards

משחק קלפים

jigsaw

פאזל

comic

קומיקס

lego bricks

לגו

building blocks

קוביות משחק

action figure

דמות משחק

babygrow

סרבל תינוקות

frisbee

פריזבי

mobile

נייד

board game

משחק לוח

dice

קוביה

model train set

רכבת צעצוע

dummy

מוצץ

party

מסיבה

picture book

אלבום תמונות

ball

כדור

doll

בובה

play

שיחק

sandpit

ארגז חול

swing

נדנדה

toys

צעצועים

video game console

קונסולת משחקים

tricycle

אופניים תלת גלגלי

teddy bear

דובון

wardrobe

ארון בגדים

clothing

בגדים

socks

גרביים

stockings

גרביונים

tights

גרביון

scarf
צעיף

umbrella
מטריה

t-shirt
חולצת טי

belt
חגורה

boots
מגפיים

slippers
נעלי בית

trainers
נעלי ספורט

sandals
סנדלים

shoes
נעליים

rubber boots
מגפי גומי

underpants
תחתונים

bra
חזייה

vest
וסט

body

גוף

trousers

מכנסיים

jeans

ג'ינס

skirt

חצאית

blouse

חולצה מכופתרת

shirt

חולצה

pullover

אפודה

hoodie

סווצ'ר עם קפוצ'ון

blazer

בלייזר

jacket

ז'קט

coat

מעיל

raincoat

מעיל גשם

costume

תלבושת

dress

שמלה

wedding dress

שמלת כלה

suit

חליפה

nightgown

כותונת לילה

pyjamas

פיג'מה

sari

סארי

headscarf

מטפחת ראש

turban

טורבן

burqa

בורקה

kaftan

קאפטן

abaya

עבאיה

swimsuit

בגד ים

trunks

בגד ים

shorts

מכנסיים קצרים

tracksuit

בגד אימון

apron

סינר

gloves

כפפות

button

כפתור

glasses

משקפיים

bracelet

צמיד יד

necklace

שרשרת

ring

טבעת

earring

עגיל

cap

כובע

coat hanger

קולב

hat

כובע

tie

עניבה

zip

רוכסן

helmet

קסדה

braces

כתפיות

school uniform

תלבושת בית ספר

uniform

מדים

bib

מפית אוכל

dummy

מוצץ

nappy

חיתול

office

משרד

server
שרת

filing cabinet
תיקייה

printer
מדפסת

paper
נייר

monitor
מסך

desk
שולחן עבודה

mouse
עכבר

folder
תיק

keyboard
מקלדת

chair
כסא

waste-paper basket
סל נייר

computer
מחשב

coffee mug

ספל קפה

calculator

מחשבון

internet

אינטרנט

laptop

מחשב נייד

letter

מכתב

message

הודעה

mobile

נייד

network

רשת

photocopier

מכונת צילום

software

תוכנה

telephone

טלפון

plug socket

שקע

fax machine

פקס

form

טופס

document

מסמך

buy

קנה

pay

שילם

trade

סחר

money

כסף

dollar

דולר

euro

יורו

yen

יין

rouble

רובל

Swiss franc

פרנק שווייצרי

renminbi yuan

יואן רנמינבי

rupee

רופי

cashpoint

כספומט

bureau de change

המרת מטבע

gold

זהב

silver

כסף

oil

נפט

energy

אנרגיה

price

מחיר

contract

חוזה

tax

מס

stock

מנייה

work

עבד

employee

עובד

employer

מעסיק

factory

מפעל

shop

חנות

police officer
שוטר

fireman
כבאי

cook
טבח

doctor
רופא

pilot
טייס

gardener

גנן

carpenter

נגר

seamstress

תופרת

judge

שופט

chemist

כימאי

actor

שחקן

bus driver

נהג אוטובוס

taxi driver

נהג מונית

fisherman

דייג

cleaning lady

עובדת נקיון

roofer

מתקן גגות

waiter

מלצר

hunter

צייד

painter

צייר

baker

אופה

electrician

חשמלאי

builder

עובד בניין

engineer

מהנדס

butcher

קצב

plumber

אינסטלטור

postman

דוור

soldier

חייל

architect

אדריכל

cashier

קופאי

florist

מוכר פרחים

hairdresser

ספר

conductor

כרטיסן

mechanic

מכונאי

captain

קברניט

dentist

רופא שיניים

scientist

מדען

rabbi

רב

imam

אימאם

monk

נזיר

clergyman

כומר

hammer
פטיש

pliers
צבת

screwdriver
מברג

spanner
מפתח ברגים

torch
פנס

digger

דחפור

toolbox

ארגז כלים

ladder

סולם

saw

מסור

nails

מסמרים

drill

מקדחה

repair

תיקון

shovel

את חפירה

Damn!

לעזאזל!

dustpan

יעה

paint pot

פח צבע

screws

ברגים

musical instruments

כלי נגינה

loudspeaker
רמקול

drum kit
מערכת תופים

guitar
גיטרה

double bass
קונטראבס

trumpet
חצוצרה

piano

פסנתר

violin

כינור

bass

בס

timpani

תוף הדוד

drums

תופים

keyboard

מקלדת פסנתר

saxophone

סקסופון

flute

חליל

microphone

מיקרופון

entrance
כניסה

tiger
נמר

cage
כלוב

zebra
זברה

animal feed
מזון לחיות

panda
פנדה

animals
בעלי חיים

elephant
פיל

kangaroo
קנגרו

rhino
קרנף

gorilla
גורילה

bear
דוב

camel

גמל

ostrich

יען

lion

אריה

monkey

קוף

flamingo

פלמינגו

parrot

תוכי

polar bear

דוב הקרח

penguin

פינגווין

shark

כריש

peacock

טווס

snake

נחש

crocodile

תנין

zookeeper

שומר גן החיות

seal

כלב ים

jaguar

יגואר

pony

סוס פוני

leopard

לאופרד

hippo

היפופוטאם

giraffe

ג'ירפה

eagle

נשר

boar

חזיר בר

fish

דג

turtle

צב

walrus

סוס ים

fox

שועל

gazelle

איילה

American football
פוטבול אמריקאי

cycling
רכיבת אופניים

tennis
טניס

basketball
כדורסל

swimming
שחיה

boxing
אגרוף

ice hockey
הוקי

football
כדורגל

badminton
בדמינטון

athletics
אתלטיקה

handball
כדור-יד

skiing
עשה סקי

polo
פולו

jump
קפץ

laugh
צחק

hug
חיבק

sing
שר

walk
הלך

dream
חלם

pray
התפלל

kiss
נשק

write
כתב

draw
צייר

show
הראה

push
דחף

give
נתן

take
לקח

have

 יש / להיות הבעלים

do

עשה

be

היה

stand

עמד

run

רץ

pull

משך

throw

זרק

fall

נפל

lie

שכב

wait

חיכה

carry

סחב

sit

ישב

get dressed

התלבש

sleep

ישן

wake up

התעורר

activities - פעילויות

look at

הסתכל ב-

cry

בכה

stroke

ליטף

comb

סירק

talk

דיבר

understand

הבין

ask

שאל

listen

שמע

drink

שתה

eat

אכל

tidy up

סידר

love

אהב

cook

בישל

drive

נהג

fly

עף

sail

שט

calculate

חישב

read

קרא

learn

למד

work

עבד

marry

התחתן

sew

תפר

brush teeth

ציחצח שיניים

kill

הרג

smoke

עישן

send

שלח

grandmother
סבתא

grandfather
סבא

father
אבא

mother
אימא

baby
תינוק

daughter
בת

son
בן

guest

אורח

aunt

דודה

uncle

דוד

brother

אח

sister

אחות

forehead
מצח

eye
עין

shoulder
כתף

finger
אצבע

face
פנים

chin
סנטר

hand
כף יד

breast
חזה

leg
רגל

arm
זרוע

baby
תינוק

man
איש

woman
אישה

girl
ילדה

boy
ילד

head
ראש

back

גב

belly

בטן

belly button

טבור

toe

אצבע

heel

עקב

bone

עצם

hip

ירך

knee

ברך

elbow

מרפק

nose

אף

bottom

עכוז

skin

עור

cheek

לחי

ear

אוזן

lip

שפתיים

mouth

פה

tooth

שן

tongue

לשון

brain

מוח

heart

לב

muscle

שריר

lung

ריאה

liver

כבד

stomach

קיבה

kidneys

כליות

sex

מין

condom

קונדום

ovum

ביצית

semen

זרע

pregnancy

הריון

menstruation

ווסת

vagina

נרתיק

penis

פין

eyebrow

גבה

hair

שיער

neck

צוואר

בית חולים

hospital
בית חולים

ambulance
אמבולנס

wheelchair
כיסא גלגלים

fracture
שבר

doctor

רופא

emergency room

חדר מיון

nurse

אחות

emergency

חירום

unconscious

חסר הכרה

pain

כאב

injury

פציעה

bleeding

דימום

heart attack

התקף לב

stroke

שבץ

allergy

אלרגיה

cough

שיעול

fever

חום

flu

שפעת

diarrhoea

שלשול

headache

כאב ראש

cancer

סרטן

diabetes

סוכרת

surgeon

מנתח

scalpel

אזמל

operation

ניתוח

CT

סי-טי

x-ray

רנטגן

ultrasound

אולטרסאונד

face mask

מסיכת פנים

disease

מחלה

waiting room

חדר המתנה

crutch

קבה

plaster

פלסטר

bandage

תחבושת

injection

זריקה

stethoscope

סטטוסקופ

stretcher

אלונקה

clinical thermometer

מד חום

birth

לידה

overweight

עודף משקל

hearing aid

מכשיר שמיעה

disinfectant

מחטא

infection

זיהום

virus

נגיף

HIV / AIDS

איידס

medicine

תרופה

vaccination

חיסון

tablets

טבליות

pill

גלולה

emergency call

קריאת חירום

blood pressure monitor

מד לחץ דם

ill / healthy

חולה / בריא

Help!

הצילו!

alarm

אזעקה

assault

פשיטה

attack

תקיפה

danger

סכנה

emergency exit

יציאת חירום

Fire!

אש!

fire extinguisher

מטף כיבוי

accident

תאונה

first-aid kit

ערכת עזרה ראשונה

SOS

הצילו!

police

משטרה

Europe

אירופה

North America

צפון אמריקה

South America

דרום אמריקה

Africa

אפריקה

Asia

אסיה

Australia

אוסטרליה

Atlantic

האוקיינוס האטלנטי

Pacific

האוקיינוס השקט

Indian Ocean

האוקיינוס ההודי

Antarctic Ocean

האוקיינוס האנטרקטי

Arctic Ocean

האוקיינוס הארקטי

North Pole

הקוטב הצפוני

South Pole

הקוטב הדרומי

Antarctica

אנטארקטיקה

Earth

כדור הארץ

land

אדמה

sea

ים

island

אי

nation

לאום

state

מדינה

clock face

פני השעון

hour hand

מחוג השעות

minute hand

מחוג הדקות

second hand

מחוג השניות

What time is it?

מה השעה?

day

יום

time

זמן

now

עכשיו

digital watch

שעון דיגיטלי

minute

דקה

hour

שעה

Monday — יום שני
Wednesday — יום רביעי
Friday — יום שישי
Tuesday — יום שלישי
Saturday — יום שבת
Thursday — יום חמישי
Sunday — יום ראשון

yesterday

אתמול

today

היום

tomorrow

מחר

morning

בוקר

noon

צהריים

evening

ערב

business days

ימי עבודה

weekend

סוף שבוע

rain
גשם

spring
אביב

summer
קיץ

wind
רוח

autumn
סתיו

snow
שלג

winter
חורף

4.APRIL	11°	☀
5.APRIL	4°	☁
6.APRIL	13°	☂
7.APRIL	8°	☀
8.APRIL	10°	☀

weather forecast

תחזית מזג האוויר

thermometer

מד חום

sunshine

אור שמש

cloud

ענן

fog

ערפל

humidity

לחות

lightning

ברק

thunder

רעם

storm

סערה

hail

ברד

monsoon

רוח עונתי

flood

שיטפון

ice

קרח

January

ינואר

February

פברואר

March

מרץ

April

אפריל

May

מאי

June

יוני

July

יולי

August

אוגוסט

September

ספטמבר

October

אוקטובר

November

נובמבר

December

דצמבר

shapes

צורות

circle

עיגול

square

מרובע

rectangle

מלבן

triangle

משולש

sphere

כדור

cube

קובייה

colours

white

לבן

yellow

צהוב

orange

כתום

pink

ורוד

red

אדום

purple

סגול

blue

כחול

green

ירוק

brown

חום

grey

אפור

black

שחור

a lot / a little

הרבה / מעט

angry / calm

כועס / רגוע

beautiful / ugly

יפה / מכוער

beginning / end

התחלה / סוף

big / small

גדול / קטן

bright / dark

בהיר / כהה

brother / sister

אח / אחות

clean / dirty

נקי / מלוכלך

complete / incomplete

שלם / חלקי

day / night

יום /לילה

dead / alive

מת / חי

wide / narrow

רחב / צר

edible / inedible

אכיל / לא אכיל

evil / kind

רשע / טוב לב

excited / bored

מתרגש / משועמם

fat / thin

שמן / רזה

first / last

ראשון / אחרון

friend / enemy

חבר / אויב

full / empty

מלא / ריק

hard / soft

קשה / רך

heavy / light

כבד / קל

hunger / thirst

רעב / צמא

ill / healthy

חולה / בריא

illegal / legal

בלתי-חוקי / חוקי

intelligent / stupid

נבון / טיפש

left / right

שמאל / ימין

near / far

קרוב / רחוק

new / used

חדש / משומש

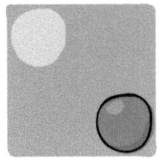

nothing / something

כלום / משהו

old / young

זקן / צעיר

on / off

פעיל / כבוי

open / closed

פתוח / סגור

quiet / loud

שקט / רועש

rich / poor

עשיר / עני

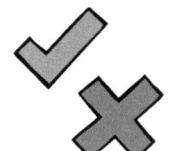

right / wrong

נכון / שגוי

rough / smooth

מחוספס / חלק

sad / happy

עצוב / שמח

short / long

קצר / ארוך

slow / fast

איטי / מהיר

wet / dry

רטוב / יבש

warm / cool

חם / קר

war / peace

מלחמה / שלום

0	**1**	**2**
zero	one	two
אפס	אחת	שתיים
3	**4**	**5**
three	four	five
שלוש	ארבע	חמש
6	**7**	**8**
six	seven	eight
שש	שבע	שמונה
9	**10**	**11**
nine	ten	eleven
תשע	עשר	אחת-עשרה

12

twelve

שתים-עשרה

13

thirteen

שלוש-עשרה

14

fourteen

ארבע-עשרה

15

fifteen

חמש-עשרה

16

sixteen

שש-עשרה

17

seventeen

שבע-עשרה

18

eighteen

שמונה-עשרה

19

nineteen

תשע-עשרה

20

twenty

עשרים

100

hundred

מאה

1.000

thousand

אלף

1.000.000

million

מיליון

English
....
אנגלית

American English
....
אנגלית אמריקאית

Chinese Mandarin
....
סינית מנדרינית

Hindi
....
הודית

Spanish
....
ספרדית

French
....
צרפתית

Arabic
....
ערבית

Russian
....
רוסית

Portuguese
....
פורטוגזית

Bengali
....
בנגלית

German
....
גרמנית

Japanese
....
יפנית

I

אני

you

אתה / את

he / she / it

הוא / היא / זה

we

אנחנו

you

אתם

they

הם

who?

מי?

what?

מה?

how?

איך?

where?

איפה?

when?

מתי?

name

שם

behind

מאחור

in

בתוך

in front of

לפני

over

מעל

on

על

under

מתחת

beside

ליד

between

בין

place

מקום